Gerold Halmetschlager

Survivalguide für Projektmanager

Bibliografische Information der Deutschen Nationalbibliothek

Die Deutsche Nationalbibliothek verzeichnet diese Publikation in der Deutschen Nationalbibliografie; detaillierte bibliografische Daten sind im Internet über http://dnb.d-nb.de abrufbar.

Herstellung und Verlag: Books on Demand GmbH, Norderstedt

Titelbild: © Gerold Halmetschlager

ISBN: 978-3-8370-8896-0

Inhaltsverzeichnis

Vorwort

Vielleicht fragen Sie sich, warum dieses Buch so dünn ist. Der Grund ist simpel, weil ich es so wollte. Mein Ziel war es, einen kleinen Ratgeber zu schaffen, der nützlich, leistbar und gut lesbar ist (in dieser Reihenfolge). Mit wenigen Formatiertricks wäre es mir möglich gewesen, dieses Buch auf 90 oder 120 Seiten aufzublähen. Einige ausschweifende Phrasen und Absätze mehr und weitere 5-10 Seiten wären gewonnen. Für Sie als Käufer und Leser dieses Buches wäre jedoch keinerlei Zusatznutzen entstanden. Es wären nur die Druckkosten und damit auch der Preis erhöht worden und deshalb habe ich darauf verzichtet und stattdessen ein kurzes, aber dafür aussagekräftiges Werk verfasst, in dem kein Wort als Platzfüller steht.

Obwohl schon viele Jahre im Projektmanagement und in der Projektmanagerausbildung tätig, hatte ich eigentlich nie vor, ein Buch über

Projektmanagement zu verfassen. Aus meiner Sicht war das literarische Angebot an Fachliteratur mehr als ausreichend und ich wehrte mich immer gegen die immer wieder versuchte und oft propagierte „Verwissenschaftlichung" von Projektmanagement, das meiner Meinung nach, nichts anderes als systematisch eingesetzter Hausverstand ist.

Durch meine Tätigkeit als FH-Lektor wurde mir jedoch bewusst, wie einseitig die vorhandene Literatur ist. Es gibt die reinen Methodenbücher und die mehr oder weniger psychologischen „Softskilloptimierungsbücher". Verbindende, praxisbezogene Ratgeber gibt es jedoch nur wenige.

An den Fragen meiner Studenten erkannte ich aber, dass gerade hierfür der Bedarf am Größten ist und so entstand das vorliegende Werk. Es ist natürlich nicht möglich alle potentiellen Gefahrensituationen in Projekten zu beleuchten, allerdings gibt es doch einige immer wieder kehrende Situationen, die ich in den einzelnen Kapiteln beschrieben, analysiert und mit Lösungsvorschlägen versehen habe.

Ich behaupte nicht, für alles einen Universalplan oder Lösung bieten zu können, aber ich bin sicher, dass die eine oder andere Phrase oder Lösungsvorschlag dem Leser helfen wird, Projekte erfolgreicher abzuhandeln und mit heiklen Situationen besser umzugehen.

Sollte ich mich darin täuschen, so hoffe ich, wenigstens ein unterhaltsames Buch geschrieben zu haben.

Begriffsübersicht

Um Missverständnisse zu vermeiden, möchte ich kurz die wichtigsten Begriffe definieren.

Projekt:

Projektbegriff lt. DIN 69901:

„Ein Projekt ist ein Vorhaben, das im Wesentlichen durch die Einmaligkeit der Bedingungen in ihrer Gesamtheit gekennzeichnet ist."

Projektmanager:

Moderner Sklaventreiber. Hat die Aufgabe seinen Projektablauf maximal zu optimieren und verantwortet Projektinhalt, Qualität, Finanzen und Zeitplan.

Projektmitarbeiter:

Personen, die am Projekt mitarbeiten und

derselben Organisation bzw. Firma wie der Projektmanager angehören.

Kunde:

Der Auftraggeber. Die Person bzw. Organisation, die für die Durchführung des Projekts zahlt und deren Meinung über Erfolg und Misserfolg des Projekts und potentieller Folgeaufträge entscheidet.

Lieferant:

Person, Firma oder Organisation außerhalb der Struktur des Projektmanagers, die mit der Abwicklung eines Projektanteils, Teilstücks oder der Besorgung eines Projektelements betraut ist.

Warum ein Survivalguide für Projektmanager?

Viele Menschen wollen Projektmanager werden, obwohl es eine ganze Menge an Gründen gibt, diesen Job nicht anzustreben.

Das, was die meisten übersehen, ist die Tatsache, dass Sie als Projektmanager nicht „everybodies darling" sein können. Im Gegenteil. Das Maximum, das Sie erreichen können, ist Respekt. Lieben wird man Sie niemals, weil es Ihr Job ist, dafür zu sorgen, dass sämtliche Teammitglieder ständig „auf Zug sind" und das Maximum leisten.

Der Job eines Projektmanagers ist Optimierung und Effizienzsteigerung um bestmöglich Projektziele zu erreichen. Dass man sich damit wenig Freunde macht, versteht sich von selbst.

Daraus ergibt sich, dass der Projektmanagerjob ein eher einsamer Posten ist, wo sehr oft die einzige Person der man wirklich vertrauen kann, man selbst ist.

Als ob das noch nicht genug wäre, muss jeder Projektmanager davon ausgehen, dass es Personen gibt, die gegenüber dem Projekt oder der Person des Projektmanagers negativ eingestellt sind und alles tun werden um ihre Interessen durchzusetzen.

Und genau hier beginnt die Frage des Überlebens. Erfolgreiche Projektmanager meistern die Gefahren und erreichen trotzdem ihre Ziele.

Einer der wichtigsten Aspekte um erfolgreich zu sein ist eine realistische Einschätzung der eigenen Fähigkeiten. Wer zu Hause nur in der Kletterhalle übt, sich danach ein Buch über den Himalaya kauft und 2 Wochen später an einer Himalaya Expedition teilnimmt, wird wahrscheinlich scheitern. Genauso verhält es sich beim Projektmanagement.

Übersteigertes Selbstbewusstsein, Ignoranz, schlechte Vorbereitung und mangelndes Training sind die Hauptursachen für das Scheitern als

Projektmanager. Sehen Sie deshalb dieses Buch als kleines Trainingspaket, das Ihre Chancen verbessert, aber bedenken Sie bitte: Fehlende Erfahrung, falsche Einschätzungen und Dummheit kann das beste Training nicht ausmerzen.

Der Beginn

„Sie übernehmen das Projekt!", so oder so ähnlich mag die eine oder andere Einsetzung eines Projektmanagers erfolgen. Neben der sicher vorhandenen Freude über die neue Herausforderung und das geschenkte Vertrauen, sollte jedoch eine kritische Reflektion mit der neuen Situation stattfinden. Ist der Job passend zu meinen Fähigkeiten? Werde ich als Sündenbock aufgebaut und in eine „mission impossible" gehetzt? Nur zwei von vielen Fragen, die man sich zu Beginn stellen sollte, denn bereits hier, bei der Einsetzung als Projektmanager beginnt das Planen des eigenen Überlebens.

Ist der Job passend zu meinen Fähigkeiten?

Bei einem klaren ja, ist das Thema abgehakt. Bei einem vielleicht oder nein sollte man sich die Frage stellen, warum die Fremdsicht (Chef) nicht mit der Selbstsicht übereinstimmt. Bei vielleicht muss die Frage beantwortet werden: Was fehlt mir, damit ich ja sagen kann? Wenn das Fehlende Erfahrung ist, kann ich nur sagen: Ab ins kalte Wasser, einmal ist immer das erste Mal. Ist es fehlendes Methodenwissen? Das kann man sich binnen Tagen anlesen. Liegt es an mangelndem Selbstbewusstsein? Wenn Sie einmal soweit sind, sich einzugestehen, dass es mangelndes Selbstbewusstsein ist, haben Sie schon fast gewonnen. Fassen Sie sich ein Herz und vorwärts.

Sollten Sie aber zu dem Schluss kommen, dass Ihre Fähigkeiten nicht zum Job passen, müssen sofort sämtliche Alarmglocken klingeln. Bei einem Job bei dem man überzeugt ist zu scheitern, wird man garantiert scheitern. Somit bleiben nur wenige Alternativen.

1) Abwehr des Jobs. Muss natürlich individuell geprüft werden inwieweit dies möglich ist.

2) Übernahme, aber systematische Absicherung von Beginn an.

Was heißt systematische Absicherung von Beginn an? Nichts anderes, als dass Sie kritisch hinterfragen, warum man gerade Sie auf diesen Posten setzen will. Möchte man Sie vielleicht loswerden und hat bisher noch kein ausreichendes Kündigungsmotiv? Braucht man einen Sündenbock? Sind Sie die beste unter den schlechten Lösungen? Je nach Szenario müssen ihre Gegenmaßnahmen anlaufen.

Szenario: Man möchte Sie loswerden

Übernehmen Sie den Job und beginnen Sie, sich intensiv um einen neuen, anderen Job umzusehen. Sollten Sie dieses Mal, mit diesem Projekt, wider Erwarten Erfolg haben, wird es den nächsten Versuch geben. Sie haben keine Zukunft bei dieser Firma/diesem Chef.

Szenario: Man braucht einen Sündenbock

Dieses Szenario bedeutet, dass von Ihrer Hierarchie ausgegangen wird, dass das Projekt ein Misserfolg wird. Das bietet auch gewisse Chancen. Analysieren Sie das Projekt und finden Sie heraus, warum es unter keinem guten Stern steht. Mit diesen Erkenntnissen konfrontieren Sie nachweislich (email) ihre Vorgesetzten (Informationseskalation). In weiterer Folge binden Sie Ihre Vorgesetzten intensiv ein, sodass es für sie schwierig wird, später jegliches Wissen abzustreiten. Auf diese Weise sichern Sie sich Unterstützung, haben einige Pfeile im Köcher („Habe zu Beginn schon auf die Problematik hingewiesen.....") und wenn das Projekt einfach nur kein Fiasko wird, haben Sie sich zumindest Respekt verdient.

Szenario: Die beste unter den schlechten Lösungen

In diesem Fall können Sie eigentlich nur gewinnen. Meist tritt dieses Szenario dann ein, wenn es extrem viele Themen gibt und schlicht und einfach die erfahrenen Projektmanager ausgehen. Sprechen Sie offen über die potentiellen Probleme, die Sie sehen, signalisieren Sie zugleich die Bereitschaft Ihr Bestes zu geben und prüfen Sie Möglichkeiten um Ihre Situation zu verbessern (z.B. Mentor in Form eines erfahrenen Projektmanagers).

Gründe für das spätere Scheitern

Der häufigste Grund für das Scheitern und Nichtüberleben des Projekts bzw. des Projektmanagers ist ein Konflikt. Um mit Konflikten optimal umzugehen, muss das Wesen eines Konflikts verstanden werden, da ansonsten sämtliche vermeintlichen Gegenmaßnahmen ins Leere gehen oder noch schlimmer, die Situation verschlimmern, nach dem Motto: Das Schlimmste, das man tun kann, ist gut meinen.

Generell kann man zwischen vier potentiellen Konfliktherden (Projektmitarbeiter, Hierarchie, Lieferanten, Kunden) unterscheiden, die je nach Rolle, sehr unterschiedliche Ausprägungen haben können. In faktisch allen Fällen kann ein Konflikt jedoch auf eine der folgenden Ursachen zurückgeführt werden.

- Persönliche Ursachen:
  - Menschen sind in ihrer Persönlichkeit verschieden, die „Chemie" stimmt nicht.
  - unterschiedliche Erwartungen (eigene oft unausgesprochene, uneingestandene, unbewusste; versus fremde)

- Strukturelle Ursachen:
  - aufbauorganisatorisch (z.b. mehreren Vorgesetzten unterstellt, wie es in einer typischen Matrixorganisation vorkommt)
  - ablauforganisatorisch (z.b. Abläufe die nicht mit der Realität übereinstimmen oder in der Realität nicht umsetzbar sind)
  - unklare Rollenbeschreibung
  - ungenaue, unklare, widersprüchliche, undurchschaubare Regeln

- Unternehmenskultur als Ursache:
  - idealisierte Prinzipien und Verhaltensmuster werden von den

Vorgesetzten nicht „gelebt" (z.b. die Mitarbeiter müssen sparen, aber der Chef bekommt ein neues Büro)
- Unglaubwürdigkeit:
unterschiedliche Ziele/Werte werden nach oben und unten vertreten (z.b. Ziele der Mitarbeiter sehr hoch angesetzt, die eigenen werden aber verwässert)

Ob sich der Konflikt als sachliche Meinungsverschiedenheit oder als emotionaler Spannungszustand darstellt, sind nur Formen der Ausprägung, die jedoch keinen Einfluss auf das Gefahrenpotential des Konflikts an sich haben. Betrachten wir nun die verschiedenen Problemherde.

Das eigene Projektteam

Im ersten Moment mag es irritierend klingen, dass für den Projektmanager Gefahren vom eigenen Projektteam ausgehen. Bei näherer Betrachtung ist es jedoch nicht nur logisch sondern außerordentlich wahrscheinlich, dass die meisten „tief fliegenden Messer" aus dieser Ecke kommen. Wie bereits im vorigen Kapitel erwähnt, gehört der Projektmanager sicher nicht zu den beliebtesten Kollegen, Stichwort Sklaventreiber. Hinzu kommt, dass Projektmanager von Ihrem Jobprofil lupenreine „Alphatierchen" sein müssen und als solche eher polarisierend als ausgleichend wirken. Zu guter Letzt kommt noch hinzu, dass ein Projektmanager als Grundvoraussetzung Durchsetzungskraft braucht und wo immer etwas durchgesetzt wird, gibt es jemanden, der sich fügen muss. Daraus ergeben sich schon ganz automatisch Motive für Konflikte. Und dann gibt es noch das weite Feld der Konflikte innerhalb der Projektmitarbeiter, die genauso gefährlich für den Projekterfolg werden können, wenn sie ignoriert werden.

Projektmitarbeiter haben einen Konflikt

In diesem Fall muss unterschieden werden, ob es sich um einen offenen oder verdeckten bzw. einen sachlich oder emotional ausgetragenen Konflikt handelt.

Der sachliche Konflikt

Der einfachste Fall ist ein offener sachlicher Konflikt, denn in diesem Fall müssen Sie „nur" eine Entscheidung herbeiführen, die auch von der unterlegenen Seite nachvollzogen werden kann. Mittels fundierter Analyse und offenem Abwägen des für und wider ist die Lösungswahrscheinlichkeit sehr hoch.

Der emotionale Konflikt

Handelt es sich hingegen um einen emotionalen Konflikt, der vielleicht auch noch hinter scheinbaren Sachargumenten versteckt wird, schaut es völlig anders aus. Ihre Chancen die Konfliktursache zu identifizieren stehen gemeinhin nicht schlecht, wenn Sie sich ausreichend Zeit nehmen. Allerdings ist es sehr wahrscheinlich, dass Sie die eigentliche Konfliktursache nicht auflösen können (z.B.: persönliche oder strukturelle Ursachen). Somit reduziert sich Ihr Methodenrepertoir auf 3 Möglichkeiten:

1) Für Verständnis der jeweils anderen Seite werben und die Kontakte zwischen den Streitparteien auf das notwendige Minimum reduzieren.

2) Eine Streitpartei loswerden. Ob und in welcher Form diese Option tatsächlich verfügbar ist, hängt von der

Organisationsform ab. Wenn Sie eine reine Projektorganisation haben, in der der Projektmanager auch Personalhoheit hat, so wird diese Variante verhältnismäßig einfach umzusetzen sein. Im Gegensatz dazu wird Ihnen in einer reinen Matrixorgainisation diese Möglichkeit höchstwahrscheinlich verschlossen bleiben.

3) Genau beobachten und bereit sein, jederzeit massiv einzugreifen. Das ist natürlich keine optimale Methode. Wenn das Projekt jedoch schon knapp vor Fertigstellung ist, kann es die Wahl der Stunde sein, die Situation durchzutauchen, da es am energie-schonendsten ist und die Wahrscheinlichkeit, das Projekt vor einer Eskalation abzuschließen, sehr hoch ist.

Der verdeckte Konflikt

Die gefährlichste Form ist der verdeckte Konflikt. Wie der Name sagt, ist er mehr oder weniger gut verdeckt und zeichnet sich dadurch aus, dass die Kontrahenten gar nicht zugeben, dass es einen Konflikt gibt. Dementsprechend ist es für den Projektmanager sehr schwierig Ursachenanalyse zu betreiben und Lösungen zu suchen, da alle Betroffenen sich strikt weigern, überhaupt ein Problem einzugestehen. Im ersten Schritt sollte natürlich hinterfragt werden, ob der verdeckte Konflikt nicht tatsächlich nur der Fantasie des Projektmanagers entsprungen ist (kritische Selbstreflexion). Wenn man zu dem Schluss kommt, dass es tatsächlich einen latenten Konflikt gibt, bleiben zwei Möglichkeiten.

1) Abwarten und bereit sein. Hat den Nachteil, dass man ständig auf der Hut sein muss und die Detonation zum unglücklichsten Zeitpunkt stattfinden

kann.

2) Versuchen die Konfliktparteien aus der Deckung zu locken. Das hat wieder den Nachteil, dass man sehr oft nicht weiß, was da so alles plötzlich hervorkommt. Es ist ähnlich wie Bombenentschärfen. Sie haben eine tickende Bombe, bringen sie auf ein Feld und Schiessen darauf, in der Hoffnung, dass sie explodiert. Es gelten dieselben Grundregeln: Sicherheitsabstand einhalten und ein Restrisiko, dass irgendetwas hochgeht, das sie nicht kontrollieren können, bleibt.

Projektmitarbeiter haben mit Ihnen einen Konflikt

Wer kennt Sie nicht, die lieben Teammitglieder die Ihnen systematisch das Leben schwer machen, versuchen Ihre Autorität zu untergraben oder Informationen zurückhalten? Früher oder später hat jeder Projektmanager eine solche Erfahrung. In so ferne ist es verwunderlich, wie viele Projektmanager hilflos, konfus und ungeplant auf solche Anfeindungen reagieren. Auch in diesem Fall gilt zu allererst eine kritische Selbstreflexion in Hinblick auf die Frage: Ist die Kritik gerechtfertigt? Vielleicht ist die Aussage, dass der Projektmanager zuwenig Erfahrung hat, durchaus angebracht. Vielleicht haben Sie im letzten gemeinsamen Projekt nicht gerade ein glückliches Händchen bei manchen Entscheidungen gezeigt und werden deshalb nun von einem Teammitglied als unfähig oder entscheidungsschwach tituliert. Sollte eine dieser Aussagen zutreffen, hat es wenig Sinn sich zu beklagen, sondern nur sich selbst an der Nase nehmen führt zu einer nachhaltigen Besserung der Situation. Wenn Sie zuwenig Erfahrung haben, weil zum Beispiel dieses Projekt eine Nummer zu groß für Sie ist, gehen Sie mit offenen Karten in die interne Projektbesprechung und sprechen den Problempunkt an: Z.B: „Ich weiß, dass für Projekte dieser Größenordnung die Projektmanager im Normalfall mehr Erfahrung aufweisen als ich, aber die Rahmenbedingungen haben diese Konstellation ergeben und ich werde mit Ihrer Hilfe das Beste machen, um dieses Projekt zu einem Erfolg zu führen." Auf diese Weise signalisieren Sie das Bewusstsein Ihrer Schwäche und die Bereitschaft daran zu arbeiten. Wenn Sie schon die feindlich eingestellten Rädelsführer nicht überzeugen können, so haben Sie gewiss einige Sympathien bei anderen gewonnen und die werden Sie noch brauchen. Im anderen Fall, einer gemeinsamen, wenig erfolgreichen, Vergangenheit hilft nur ein Gespräch. Je mehr Zeit vergangen ist, umso besser, weil dann eine Weiterentwicklung, die (hoffentlich) stattgefunden hat, argumentiert werden kann. Auch in diesem Fall gilt, dass klare Worte besser ankommen als Diplomatengewäsch.

Z.B.: „Ja, ich weiß, bei Projekt XZ habe ich einen Fehler gemacht. Mit meinem heutigen Wissen würde ich es anders machen. Das ist jetzt ein neues Thema und so etwas wie damals wird mir sicher nicht mehr passieren." Auf keinen Fall in eine Rechtfertigungsdiskussion der alten Geschichten hineinziehen lassen. Das Thema ist vorbei und muss begraben werden, damit es nicht zum Ballast des neuen Projekts wird.

Sie werden sich vielleicht fragen, warum die Variante des Austausches von diesem Projektteammitglied bisher nicht erwähnt wurde. Ganz einfach. In den bisher genannten Fällen ist das Projektteammitglied offensichtlich erfahren, bereit seine Meinung Kund zu tun, hat fachlich Recht und ist somit ein wertvolles Asset für das neue Projekt. Sollte die Kritik auf anderem Niveau mit zwischenmenschlicher Bösartigkeit fortgesetzt werden, ändert dies natürlich die Lage. Nun gehen wir davon aus, dass es keine sachlich fundierten Gründe gibt, die die Animositäten erklären würden. In diesem Fall gehen Sie die potentiellen Konfliktursachen durch. Sie werden sicher fündig. Wenn ein klärendes Gespräch nichts fruchtet, ist der nächste Schritt sich die Frage zu stellen: Brauche ich wirklich diesen Mitarbeiter in meinem Projekt.

Wenn nein, setzen Sie alles daran, diese Personalbesetzung zu Projektbeginn zu korrigieren. Es erleichtert allen Involvierten das Leben!

Wenn ja, weil besagter Mitarbeiter eine Koryphäe ist, müssen Sie sich wohl oder übel arrangieren. Den Vorteil, den Sie haben, ist, dass alle Koryphäen eitel und sehr von sich selbst überzeugt sind. Sie sind wie Diven, wollen gebeten werden, sind jedoch zugleich irrsinnig stolz, wenn sie sich großzügig und großmütig zeigen können. Daraus ergibt sich: Pflegen Sie Ihre Koryphäen, anerkennen Sie ihre Fähigkeiten und Sonderrolle. Tun Sie was immer notwendig ist um diese Spezialisten zu Bestleistungen zu motivieren. Wenn Sie vielleicht einwenden wollen, dass dies ein Zeichen der Schwäche ist, lautet die Antwort: Teilweise ja, aber haben Sie eine Alternative? Wir haben geprüft, ob es eine gibt. Die Antwort war: Nein. Somit muss man sich mit den vorhandenen Rahmenbedingungen bestmöglich arrangieren und am Ende des Projekts fragt niemand danach warum ein Projekt erfolgreich oder nicht erfolgreich war. Sie waren der Projektmanager und mit Ihrem Namen ist der Erfolg oder Misserfolg verknüpft. Mit niemandem sonst!

Gefahren durch die eigene Hierarchie

Nachdem wir uns mit dem eigenen Projektteam auseinandergesetzt haben, ist es an der Zeit einen anderen potentiellen, internen Gefahrenherd näher zu betrachten: Dic Chefs, Geschäftsführer, Eigentümer des Ladens für den Sie Projekte abwickeln.

Die potentiellen Gefahren bei der Übernahme des Projekts haben wir bereits beleuchtet. Wie sieht es aber während des Projekts aus?

Gemeinhin kann man davon ausgehen, dass die Gehirne der Hierarchie sehr einfachen Denkmustern folgen. Dies ist jetzt nicht einmal negativ gemeint, aber was interessiert Ihren Boss an Ihrem Projekt wirklich? Maximal zwei Fragen: Läuft es gut? Kriegen wir unser Geld? Wobei sehr oft sogar die erste Frage eher nebensächlich ist. Somit ist das Interesse der Hierarchie an

Ihrem Projekt mit einem Wort zusammengefasst: Profit. Wenn sie das erkannt haben, wird es für Sie auch einfacher im Umgang mit Ihrem Chef.

- Informationen über Projektdetails nur im Falle von expliziter Nachfrage.
- Berichte regelmäßig, aber auf highlevel. Also wenige Zeilen mit qualitativen Aussagen: Projektfortschritt in Plan. Arbeitspakete KK bis ZZ abgeschlossen. Übersichtliche Grafiken, die einen schnellen Überblick ermöglichen.
- Im Falle von Problemen auch die eingeleiteten Maßnahmen bekannt geben: Terminverzug wegen XX droht. Gegenmaßnahmen: Ressourcen wurden aufgestockt, Wochenendarbeit am XY geplant

Ansonsten behelligen Sie Ihren Chef nicht mit der laufenden Projektarbeit. Dafür hat er schließlich Sie!

Sollte es jedoch wirklich eng werden, ist die

zeitgerechte und richtige Eskalation von immenser Bedeutung. Es gibt zwei Arten von Eskalation, wobei für Ihren Boss klar sein muss, was Sie erwarten. Ich empfehle im Betreff einer mail bereits die Begriffe Informationseskalation oder Eskalation zu verwenden.

- Informationseskalation:
Die Informationseskalation werden Sie einsetzen, wenn das Projekt in Schieflage kommt, Sie jedoch noch der Meinung sind, das Ruder herumreißen zu können. Nichtsdestotrotz müssen Sie Ihre Hierarchie vor herannahenden größeren Problemen vorwarnen. Das würde durch folgende Formulierung geschehen: „Ich möchte Sie über das Problem XY im Projekt A informieren." Nach Kurzbeschreibung, warum das Thema heikel ist und welche Gegenmaßnahmen ergriffen wurden. „Ich halte Sie weiter auf dem Laufenden. Nächster Statusreport am ...."

- Eskalation: Die Situation ist für Sie alleine nicht mehr unter Kontrolle zu bringen (z.B. fehlende Kompetenzen, Zugriffsrechte, Geldmittel etc.). Sie benötigen daher aktive Unterstützung. In diesem Fall wären Formulierungen angebracht in der Art: „Das Projekt A ist durch Problem X gefährdet" Danach Kurzbeschreibung des Problems, was Sie bisher gemacht haben und was Sie vorschlagen zu tun. Danach „Ich bitte um Ihre Unterstützung bei XXXX. Bitte um Feedback (bis....)" Der letzte Satz gibt Ihnen einen Aufhänger bei anhaltendem Schweigen nachzufragen. Das setzen eines Termins kann sinnvoll sein, es hängt jedoch von Firmenkultur und der Beziehung zum Vorgesetzten ab, ob eine solche Formulierung auf Akzeptanz stößt oder negativ aufgenommen wird.

Bedenken Sie bitte, dass auch im Falle einer Eskalation, weiterhin Sie die Verantwortung für das Projekt tragen. Ein „Hinaufdelegieren" ist weder karriere- noch projektfördernd.

Wenn das Problem gelöst wurde, vergessen Sie bitte nicht, eine kurze Deeskalation an denselben Verteiler durchzuführen und sich für die Unterstützung zu bedanken (auch dann, wenn die Unterstützung nicht vorhanden oder nur sehr zweifelhaft war).

Externe Lieferanten und Ärgernisse, die sich Partner nennen

Kaum ein größeres Projekt kommt ohne externe Lieferanten oder Partnerfirmen aus. Grundsätzlich sind Lieferanten in vielerlei Hinsicht wie interne Projektteammitglieder zu sehen, allerdings kommen einige zusätzliche Aspekte ins Spiel. Wie bei der eigenen Hierarchie muss analysiert werden, was einem externen Lieferanten wichtig ist. Das werden fast immer eine zeitgerechte Bezahlung und eine problemlose Abwicklung sein. So gesehen, sind externe Lieferanten oft leichter handhabbar als interne Mitarbeiter. Lassen Sie sich jedoch nicht von der freundlichen, netten Art Ihres Lieferanten täuschen. Hier geht es knallhart ums Geschäft. Er ist Dienstleister und versucht Ihnen zu gefallen. Sein Interesse ist maximaler Profit für seine

Firma. Wenn Sie mit Ihrem Projekt Erfolg haben, so ist das nett, aber für Ihren Lieferanten in den seltensten Fällen ein wichtiger Punkt. Dementsprechend sorgen Sie für eine klare Abgrenzung des Leistungsumfanges und hüten Sie sich davor freundliche Angebote in der Art, „XY könnten wir Ihnen auch gleich machen.", anzunehmen. Auf diese Art können Zusatzansprüche entstehen oder implizite Geschäftsaufträge, die Sie später bezahlen müssen, obwohl Ihnen vielleicht gar nicht klar war, dass Sie einen Auftrag gegeben haben. Bleiben Sie bei Lieferanten immer korrekt und prozesstreu. Das heißt: Beschreibung des Leistungsumfangs, Angebotseinholung, Beauftragung, Abnahme, Bezahlung. Vermeiden Sie „kurze" Wege, das kann sehr schnell sehr teuer werden.

Ein anderer Aspekt kann bei Partnerfirmen ins Spiel kommen. Sehr oft hat man sich nämlich den Partner nicht selbst ausgesucht, sondern der

Kunde wünscht eine „Konsortiumlösung" und so sind plötzlich zwei oder mehrere Firmen Partner, die vielleicht üblicherweise in Konkurrenz zueinander stehen. In einem solchen Fall ist Korrektheit und tadellose Dokumentation die einzige Möglichkeit, gröberen Problemen aus dem Weg zu gehen. Mit klaren Protokollen, eindeutigen Abgrenzungen und nachweislichem Informationsfluss können die meisten Problemherde von Beginn an entschärft werden.

Sollte sich eine partnerschaftliche Zusammenarbeit trotz all dem nicht einstellen, muss es Ihnen zumindest gelingen, gegenüber dem Kunden als Unschuldiger zu erscheinen. Auf keinen Fall darf es der Partnerfirma gelingen, Sie und Ihre Firma als Blockierer oder noch schlimmer als „unkooperative, projektgefährdende Bande" beim Kunden darzustellen, da sich dies spätestens bei Folgeaufträgen katastrophal auf Ihre Geschäfte auswirkt.

Der Kunde, das unbekannte Wesen

Zu guter Letzt einige Worte zum Kunden und Kundenbeziehung. Als Projektmanager werden Sie regelmäßig mit dem Kunden bzw. verschiedenen Kundenvertretern zusammentreffen. Fast immer wird die Kundenstruktur nicht homogen sein, was die Einstellung zu Ihnen und dem Projekt angeht. Im ersten Schritt sollten sie die grundsätzlichen Frontverläufe in der Kundenorganisation herausfinden. Die effizienteste Methode ist sicherlich mit dem Vertriebsverantwortlichen, der ihr Projekt verkauft hat, zu sprechen. Üblicherweise gibt es drei Gruppen. Die Befürworter, die Gegner und die „an anderem Interessierten". Die dritte Gruppe kann zum Beispiel der Finanzvorstand sein, für den in erster Linie der baldige Return of Invest wichtig ist, oder der Leiter des

Kundenservice, der ein möglichst fehlerfreies System wünscht. Wer das System liefert und wer der Projektmanager ist, ist beiden in diesem Fall nicht wichtig. Wie geht man nun mit den verschiedenen Gruppen um? Die Befürworter sollte man einfach nicht enttäuschen bzw. Ihre Stellung in der Firma schwächen. Denn wenn diese Ihre Funktion verlieren, ist der nächste Auftrag auch nicht mehr sehr wahrscheinlich.

Die Gegner zu überzeugen ist eine unendliche Geschichte und deshalb ist meistens schon der Versuch zum Scheitern verurteilt. Seien Sie korrekt, dokumentieren Sie alles und minimieren Sie die Munition, die Sie diesen Leuten in die Hand geben.

Die „an anderem Interessierten" sind entsprechend Ihren Interessen zufrieden zu stellen mit dem Ziel, sie zu Befürwortern zu machen.

Das Kundenmeeting:

Unabhängig mit welcher Kundenfraktion Sie zusammentreffen, einige Situationen werden immer wieder auftreten und auf diese sollten Sie vorbereitet sein.

Szenario: Kunde will mit Projektteammitgliedern sprechen

Sehr oft kommt die Anfrage, dass Kundenvertreter direkt mit den Technikern sprechen wollen. In so einem Fall gilt Alarmstufe Rot für den Projektmanager. Nur die wenigsten Teammitglieder sind kundentauglich. Techniker haben meistens die Schwäche von absoluter Ehrlichkeit. Ich will jetzt nicht zum Lügen aufrufen, aber die richtige Dosierung der Information ist von entscheidender Wichtigkeit bei Kundengesprächen. Z.B.: Ihr Software-Entwicklungsprojekt ist gerade zu Beginn der

Testphase. Nach einer Woche ist noch kein Testfall erfolgreich durchgeführt. Ein Techniker würde auf die Frage, wie es läuft wahrscheinlich antworten: „Nicht so gut, bisher haben wir noch keinen einzigen erfolgreichen Testfall." Die Kundenreaktion auf eine solche Antwort ist sicher gut vorstellbar. Eine genauso richtige, aber viel bessere Antwort wäre: „Die Testanlage wurde erfolgreich installiert und in Betrieb gesetzt. Jetzt sind wir beim Testen, aber es ist noch zu früh für weitere Aussagen." Sie sehen, keine Lüge, nur ein dosierter Umgang mit Informationen. Dementsprechend vermeiden Sie den direkten Kontakt zwischen Kunden und Teammitgliedern bzw. instruieren Sie detailliert Ihre Teammitglieder, was wann gesagt werden soll. Geben Sie Ihnen auch ein paar Phrasen mit, mit denen Sie den Ball unauffällig an Sie weiterspielen können. Z.B. „Da gibt es möglicherweise mehrere Varianten, die ich aber erst mit dem Projektmanager absprechen müsste,

welche ins Gesamtkonzept passen." Oder „ Das
fällt nicht in mein Aufgabengebiet, aber XY
(Projektmanager) kann Ihnen sicher mehr dazu
sagen."

Szenario: Kunde will eine Entscheidung, die Sie nicht treffen können/wollen

Immer wieder werden Sie in eine Situation
kommen, in der der Kunde eine Aussage erwartet,
die Sie jedoch nicht sofort machen können oder
wollen. Handelt es sich um eine technische
Entscheidung, bei der die Reichweite unklar ist
(oder zumindest dem Kunden nicht völlig klar
sein kann), empfiehlt es sich möglichst bei der
Wahrheit zu bleiben und mit einer Formulierung:
„Diese Änderung ist interessant, aber leider nicht
ganz so simpel, wie es auf den ersten Blick
erscheint. Um ungeplante Nebeneffekte zu
vermeiden möchte ich das Thema zuerst mit

unseren Spezialisten näher analysieren. Ich melde mich zu dem Thema in X Tagen." Damit haben Sie signalisiert, dass Sie grundsätzlich nicht abgeneigt sind, sich Sorgen um den Kunden machen (Hinweis Nebeneffekte), auf Nummer sicher gehen und haben einen klaren Zeitpunkt des Feedbacks gegeben. Sie haben eine zeitliche Spielstrecke gewonnen, um sich über alles im Klaren zu werden und eine belastbare Antwort geben zu können, ohne dass Ihr Ansehen oder Ihre Kompetenz gelitten hätten. Bei einem kaufmännischen Thema ist die Antwort nur unwesentlich abzuändern: „Dass Sie sich einen hohen Rabatt (oder: diesen Preis) wünschen, verstehe ich schon, allerdings haben wir für Sie bereits ein äußerst kompliziertes Preismodell aufgesetzt, um Ihren Ansprüchen bestmöglich entgegenzukommen. Wie Sie sicher verstehen werden, muss ich Ihre Anfrage auch mit meinen Kaufleuten besprechen, aber ich melde mich dazu in X Tagen."

Szenario: Kunde will Informationen über zukünftige Produkte

Grundsätzlich ist es ja super, wenn ein Kunde von Ihnen Informationen über Ihre neuen Produkte möchte. Andererseits droht gerade hier eine nicht unbeträchtliche Gefahr sich firmenintern oder beim Kunden in eine exponierte Lage zu begeben. Üblicherweise gibt es ein Productline-Management, das vorgibt, wann was an Kunden kommuniziert werden darf. Ich empfehle Ihnen gerade bei der Kommunikation von Terminen für neue Produkte sehr konservativ zu sein und einige Monate zum genannten Termin zu addieren. Es gibt nichts Schlimmeres, als dass Sie einem zufriedenen Kunden ein neues Produkt in 6 Monaten ankündigen, dass dann leider in 9 Monaten noch immer nicht verfügbar ist. Bedenken Sie, dass Anfragen nach neuen Produkten sehr oft mit der Budgetplanung zusammenhängt und somit Ihre Aussagen direkten Einfluss auf Kundenbudget und Ihre Geschäftsbeziehung haben wird. Deshalb seien Sie immer auf Fragen nach Ihrer Produktpipeline vorbereitet. Selbst wenn Sie nichts sagen dürfen, können Sie den Kunden bei der Stange halten mit dem Hinweis: „Wir machen gerade etwas sehr Revolutionäres, das sicher auch für Sie interessant sein wird. Zum jetzigen Zeitpunkt ist aber noch alles streng geheim. In ca. X Monaten kann ich Ihnen dann erste Details präsentieren." Damit signalisieren Sie, dass sie sich über die zukünftigen Themen Ihres Kunden schon Gedanken gemacht haben. Das kommt immer gut an. Die X-Monate sollten natürlich realistisch sein.

Abschließende Worte

Nachdem Sie nun auf den vorhergegangenen Seiten über die potentiellen Probleme und menschlichen Abgründe im Projektgeschäfts aufgeklärt wurden, eine positive Nachricht zum Schluss.

Sie können davon ausgehen, dass 90% aller Menschen im Projektgeschäft über Handschlagqualität verfügen und sich nicht unnötig selbst das Leben schwer machen. Das heißt, mit sehr vielen ist ein kooperatives Miteinander mit etwas gutem Willen möglich. Die restlichen 10% sind die Problemfälle, vor denen man sich hüten muss, aber für diese sollten Sie nun, nach der Lektüre meines Buches, besser gerüstet sein. Und wenn Sie trotzdem einmal gegen einen hinterlistigen Intriganten den Kürzeren ziehen, trösten Sie sich:

Wer mit dem Schwert lebt, kommt durch das Schwert um.

Danksagung

Wer mich kennt und das Vorwort gelesen hat, weiß, dass ich kein Freund der langen Worte bin, sondern lieber direkt die Dinge beim Namen nenne. Dementsprechend ist auch meine Danksagung kurz.

Ich danke meiner Lebensgefährtin, die dieses Buchprojekt nicht als Spinnerei abgetan hat, obwohl ich mir zeitweise selbst nicht sicher war. Außerdem danke ich meinen Studenten, die durch Ihre Fragen Initiator dieses Buchprojekts waren, als auch den Grossteil des Inhalts vorgegeben haben. Zuletzt möchte ich noch meinen unzähligen Projektmitarbeitern, Partnern, Lieferanten und Kunden danken, die mir im Laufe der Jahre ausgiebig die Möglichkeit gegeben haben, Erfahrungen zu sammeln, die nun in dieses Buch eingeflossen sind. Danke!

Über den Autor:

Dipl.-Ing. Gerold Halmetschlager wurde 1975 in Zwettl Niederösterreich geboren. Nach seinem Studium der technischen Physik und 1,5 Jahren Tätigkeit als Forschungsassistent an der Technischen Universität Wien, wechselte er im Jahr 2000 in die Privatwirtschaft. Als Projektmanager und Krisenmanager sammelte er Erfahrung in mehr als 100 internationalen Projekten. Zahlreiche Kurse und die internationale Zertifizierung zum PMP (Project Manager Professional) vervollständigten seine PM-Kompetenz.

Seit 2004 verstärkte er sein Engagement in der Projektmanagementausbildung. Derzeit leitet er eine Projektmanagementabteilung mit mehr als 20 Mitarbeitern und unterrichtet an der Fachhochschule des BFI-Wien im Studiengang Projektmanagement und Informationstechnik.